D1620551

Rezept für:

ZUTATEN

ZUBEREITUNG

Rezept für: _____

ZUTATEN

_____   _____
_____   _____
_____   _____
_____   _____
_____   _____
_____   _____

ZUBEREITUNG

_____
_____
_____
_____
_____
_____
_____
_____
_____
_____
_____
_____
_____

Rezept für:

ZUTATEN

ZUBEREITUNG

Rezept für:

ZUTATEN

ZUBEREITUNG

Rezept für: _____

ZUBEREITUNG

Rezept für:

ZUTATEN

ZUBEREITUNG

Rezept für: _____

Rezept für: _____

ZUTATEN

_____ _____

_____ _____

_____ _____

_____ _____

_____ _____

_____ _____

_____ _____

ZUBEREITUNG

_____

_____

_____

_____

_____

_____

_____

_____

_____

_____

_____

_____

_____

_____

_____

Rezept für:

ZUTATEN

ZUBEREITUNG

Rezept für:

ZUTATEN

ZUBEREITUNG

Rezept für: _____

ZUTATEN

_____ _____
_____ _____
_____ _____
_____ _____
_____ _____
_____ _____
_____ _____

ZUBEREITUNG

_____
_____
_____
_____
_____
_____
_____
_____
_____
_____
_____
_____
_____
_____
_____

Rezept für: _____

ZUTATEN

ZUBEREITUNG

Rezept für:

_____

ZUTATEN

ZUBEREITUNG

Rezept für: _____

ZUTATEN

ZUBEREITUNG

Rezept für:

Rezept für: _____

ZUTATEN

_____ _____
_____ _____
_____ _____
_____ _____
_____ _____
_____ _____
_____ _____

ZUBEREITUNG

_____
_____
_____
_____
_____
_____
_____
_____
_____
_____
_____
_____
_____
_____
_____

Rezept für: _____

ZUTATEN

ZUBEREITUNG

Rezept für: _____

ZUTATEN

_____ _____
_____ _____
_____ _____
_____ _____
_____ _____
_____ _____
_____ _____

ZUBEREITUNG

_____
_____
_____
_____
_____
_____
_____
_____
_____
_____
_____
_____
_____
_____
_____

Rezept für:

ZUTATEN

ZUBEREITUNG

Rezept für:

ZUTATEN

ZUBEREITUNG

Rezept für:

ZUTATEN

ZUBEREITUNG

Rezept für:

ZUTATEN

ZUBEREITUNG

Rezept für: _____

ZUTATEN

_____ _____
_____ _____
_____ _____
_____ _____
_____ _____
_____ _____
_____

ZUBEREITUNG

_____
_____
_____
_____
_____
_____
_____
_____
_____
_____
_____
_____
_____
_____
_____
_____

Rezept für:

ZUTATEN

ZUBEREITUNG

Rezept für: _____

ZUTATEN

ZUBEREITUNG

Rezept für:

ZUTATEN

ZUBEREITUNG

Rezept für:

ZUTATEN

ZUBEREITUNG

Rezept für:

ZUTATEN

ZUBEREITUNG

Rezept für:

ZUTATEN

ZUBEREITUNG

Rezept für:

ZUTATEN

ZUBEREITUNG

Rezept für:

ZUTATEN

ZUBEREITUNG

Rezept für:

ZUTATEN

ZUBEREITUNG

Rezept für:

ZUTATEN

ZUBEREITUNG

Rezept für:

Zutaten

Zubereitung

Rezept für:

ZUTATEN

ZUBEREITUNG

Rezept für: _____

ZUTATEN

ZUBEREITUNG

Rezept für:

ZUTATEN

ZUBEREITUNG

Rezept für:

ZUTATEN

ZUBEREITUNG

Rezept für:

ZUTATEN

ZUBEREITUNG

Rezept für:

ZUTATEN

ZUBEREITUNG

Rezept für:

ZUTATEN

ZUBEREITUNG

Rezept für: _____

ZUTATEN

_____ _____
_____ _____
_____ _____
_____ _____
_____ _____
_____ _____
_____ _____

ZUBEREITUNG

_____
_____
_____
_____
_____
_____
_____
_____
_____
_____
_____
_____
_____
_____
_____

Rezept für: _____

ZUTATEN

ZUBEREITUNG

Rezept für: _____

ZUTATEN

_____ _____

_____ _____

_____ _____

_____ _____

_____ _____

_____ _____

_____ _____

ZUBEREITUNG

_____

_____

_____

_____

_____

_____

_____

_____

_____

_____

_____

_____

_____

_____

Rezept für:

ZUTATEN

ZUBEREITUNG

Rezept für: _____

ZUTATEN

ZUBEREITUNG

Rezept für: _____

ZUTATEN

ZUBEREITUNG

Rezept für: _____

ZUTATEN

ZUBEREITUNG

Rezept für:

ZUTATEN

ZUBEREITUNG

Rezept für:

Rezept für: _____

Rezept für: _____

ZUTATEN

_____ _____
_____ _____
_____ _____
_____ _____
_____ _____
_____ _____

ZUBEREITUNG

_____
_____
_____
_____
_____
_____
_____
_____
_____
_____
_____
_____
_____
_____

Rezept für: _____

ZUTATEN

ZUBEREITUNG

Rezept für:

ZUTATEN

ZUBEREITUNG

Rezept für: _____

ZUTATEN

ZUBEREITUNG

Rezept für:

ZUTATEN

ZUBEREITUNG

Rezept für:

ZUTATEN

ZUBEREITUNG

Rezept für:

ZUTATEN

ZUBEREITUNG

Rezept für:

ZUTATEN

ZUBEREITUNG

Rezept für: _____

ZUTATEN

_____ _____
_____ _____
_____ _____
_____ _____
_____ _____
_____ _____
_____ _____

ZUBEREITUNG

_____
_____
_____
_____
_____
_____
_____
_____
_____
_____
_____
_____
_____
_____
_____

Rezept für: _____

ZUTATEN

_____ _____
_____ _____
_____ _____
_____ _____
_____ _____
_____ _____

ZUBEREITUNG

_____
_____
_____
_____
_____
_____
_____
_____
_____
_____
_____
_____

Rezept für: _____

ZUTATEN

_____ _____

_____ _____

_____ _____

_____ _____

_____ _____

_____ _____

_____ _____

ZUBEREITUNG

_____

_____

_____

_____

_____

_____

_____

_____

_____

_____

_____

_____

_____

_____

Rezept für: _____

ZUTATEN

_____ _____
_____ _____
_____ _____
_____ _____
_____ _____
_____ _____

ZUBEREITUNG

_____
_____
_____
_____
_____
_____
_____
_____
_____
_____
_____
_____
_____
_____

Rezept für: _____

ZUTATEN

ZUBEREITUNG

Rezept für: _____

ZUTATEN

ZUBEREITUNG

Rezept für:

ZUTATEN

ZUBEREITUNG

Rezept für:

ZUTATEN

ZUBEREITUNG

Rezept für:

ZUTATEN

ZUBEREITUNG

Rezept für:

ZUTATEN

ZUBEREITUNG

Rezept für:

ZUTATEN

ZUBEREITUNG

Rezept für:

Rezept für:

ZUTATEN

ZUBEREITUNG

Rezept für:

ZUTATEN

ZUBEREITUNG

Rezept für: _____

ZUTATEN

ZUBEREITUNG

Rezept für: _____

ZUTATEN

ZUBEREITUNG

Rezept für:

ZUTATEN

ZUBEREITUNG

Rezept für: _____

ZUTATEN

_____ _____

_____ _____

_____ _____

_____ _____

_____ _____

_____ _____

ZUBEREITUNG

_____

_____

_____

_____

_____

_____

_____

_____

_____

_____

_____

_____

_____

_____

_____

Rezept für: _____

ZUTATEN

_____ _____
_____ _____
_____ _____
_____ _____
_____ _____
_____ _____

ZUBEREITUNG

_____
_____
_____
_____
_____
_____
_____
_____
_____
_____
_____
_____

Rezept für: _____

ZUTATEN

_____ _____
_____ _____
_____ _____
_____ _____
_____ _____
_____ _____
_____ _____

ZUBEREITUNG

_____
_____
_____
_____
_____
_____
_____
_____
_____
_____
_____
_____
_____
_____
_____
_____